Mme EMILE SAINT-HILAIRE

ÉPISODES DES MISÈRES

SIÉGE DE PARIS

SOUS LE PRÉSIDENT TROCHU

1870

Saint-Hilaire-du-Harcouët, imprimerie Mottier.

Voilà du travail, historiens, penseurs, philosophes et poètes.

La Prusse réclame nos milliards, la Prusse s'acharne à garder nos provinces malgré la haine si légitime qu'elle leur inspire. Honteusement ils sont vainqueurs, ces sauvages qui ont insulté Versailles (à l'ombre des souvenirs si chers à la France, ils ont couronné leur vieux fétiche en démence) — et l'histoire va graver pour les générations futures leurs pillages et toutes les horreurs de leurs brigandages. — Penseurs, philosophes, vous devez toute votre aptitude aux conséquences survenues de nos défaites par des fautes commises; et vous poéte, votre muse a perdu le sourire, elle porte le deuil de la patrie, mais il faut des hymnes à nos martyrs. Que vos chants, poéte, soient le baume qui calme les douleurs, changez en larmes de résignation les larmes du désespoir; et si les pauvres mères ne peuvent oublier ceux que la terre couvre, inspirez-les des saintes croyances qui donnent encore de l'illusion à la tombe révélée ; à celles qui courbées par la douleur ne peuvent plus croire au ciel, dites-leur qu'elles seront vengées du martyre de leurs fils.

Il me semble encore entendre s'écrier une pauvre mère, à la lecture d'un article de Madame André Leo, qui réclamait les canons par nous donnés au Gouvernement de la défense nationale pour un plus noble usage que la capitulation : —Qu'il me rende à moi le cadavre de mon cher enfant ! oh ! cher cadavre enseveli dans un linceul de neige , disait-elle avec l'accent d'un désespoir indescriptible : voilà le prix de tant de sacrifices ! — mais ne reste-t-il pas des enfants à la France ? — d'autres mères ont-elles plus de droits de les garder, tant que notre sol est envahi ; —avoir la gloire au lieu de la honte , est la seule consolation due à mes douleurs ! — Oh ! je le sens là, disait-elle , en posant sa main sur son cœur, mes pressentiments sont au dessus de leur politique menteuse, des trames impies ont rendu vains nos efforts, à juste titre vous réclamiez nos offrandes, volées pour le sang de nos fils qu'ils ont inutilement versé !

Malédiction sur eux !

ÉPISODES DES MISÈRES

DU

SIÉGE DE PARIS

Lorsque j'écrivais ce dernier article, *Place à la Liberté*, le canon grondait sur Paris, chaque jour se succédaient de nouveaux sinistres : à l'enthousiasme que j'avais éprouvé tout d'abord, un pressentiment secret me fit entrevoir que nous ne cherchions pas les moyens de débloquer Paris. On se révolta à l'idée de la capitulation de Metz ; celui qui le premier accusa Bazaine fut en danger dans les réunions, il en a été de même quand on accusa Trochu. Son plan, sa discrétion étaient la sauvegarde de tout. Il n'avait qu'un tort, disaient ceux qui étaient devenus républicains depuis le 4 septembre, il avouait hautement son aversion pour le gouvernement qu'il représentait. Cette faute nous sera comptée dans l'histoire. Ce n'était point un breton fanatique qu'il fallait à Paris : un républicain eût accepté avec empressement les Italiens, les Polonais, lorsqu'ils vinrent s'offrir au Gouvernement de la défense nationale. Dans une réunion, Galdini vint se plaindre de ce refus ; il fit entrevoir dans un langage clair et net dicté par son patriotisme, tout ce qu'il y avait d'inquiétant à laisser les Prussiens se fortifier sous Paris. Il exposa qu'habitué aux guerres de montagnes, aux guerres

de guérillas, il voulait former trois corps — *Polonais*, *Ita-*
liens, *Francs-Tireurs.* — N'auraient-ils pas été de terribles
adversaires pour nos ennemis. Ce refus ne donne-t-il pas à
penser. Un grand général républicain n'eût point permis le
maraudage pour ce qui restait à prendre dans les campagnes;
n'eût-il pas été préférable d'organiser cela d'une manière
régulière, sous la surveillance de chefs qui auraient empêché
les vols qui se firent; ou en laissant les portes de la capitale
ouverte, voulait-on autoriser les porteuses de journaux qui
les vendirent si cher aux Prussiens ou favoriser l'espionnage.
Ces questions sont graves, je laisse à d'autres le soin d'exa-
miner les conséquences survenues de fautes aussi visibles
et qui furent tolérées. Oh! Paris, malgré tes revers, tu seras
toujours la grande ville. Tes vertiges, tes lueurs sinistres
avaient de la grandeur, de la majesté. Comme on a souffert
à l'idée d'être non pas les vaincus mais bien les vainqueurs.

Faut-il avec tant de ressources qui s'offraient à nous,
que nous ayons été à la merci de cette race de Vandales, de
pillards, nous les descendants des Gaulois!

Pour M. Trochu, le prétexte de la capitulation a été la
la famine : — mais pourquoi, au début du siége, avez-vous
laissé le blé, le pain gaspillés avant l'investissement? N'eût-
il pas été possible par toutes les voies progressives d'aujour-
d'hui : chemins de fer, bateaux à vapeur, de remplir nos magasins généraux, les Tuileries au besoin; la place ne manque
pas dans la grande capitale. Vous deviez être ce qu'est le
capitaine d'un vaisseau quand il part pour un voyage d'une
année, il embarque des vivres au delà de ce temps. Mais
vous homme chrétien, vous n'avez observé aucune maxime

de nos devises républicaines. La fraternité aurait sauvé Paris
d'horribles souffrances. Au lieu de dire aux particuliers de faire
des provisions, le Gouvernement de la défense nationale devait
être l'acheteur, le vendeur de toutes les denrées alimentaires, il aurait évité l'horrible trafic des boutiquiers, qui ont
été indignes. J'en fais appel à la population parisienne qui
les avait surnommés les Prussiens de l'intérieur.

Et vous avez créé des cantines nationales, le pauvre
peuple avait raison de les surnommer dérisions nationales.
Pour se donner une idée des souffrances de ce siége impie
et sacrilége, on doit se procurer le *Journal illustré,* les
gravures faciliteront la pensée : — vous verrez sous la pluie
et la neige, des femmes faire la queue des trois heures de
temps ; rien n'est excepté, boucherie, boulangerie. — Aux
cantines, beaucoup se trouvent mal par la faiblesse ; — d'autres
dès 4 heures du matin attendent aux portes, entr'autres une
pauvre vieille supplie de la laisser passer avant son tour,
sa fille se mourait : — un peu de bouillon, disait-elle d'une
voix rauque et faible , pour ranimer ma pauvre mourante.
— Nos soldats étaient plus heureux de mourir sous les balles
ennemies, que d'aucunes pauvres mères qui virent mourir de
froid et de faim leurs chers enfants.

Ah! messieurs les romanciers, on se plaignait de votre
littérature, les héros de vos livres étaient des bandits.
Sous l'Empire , la littérature malsaine , nauséabonde, répu-
gnait à lire. Il semble que la nature autrefois chantée
par tant d'écrivains d'une manière si différente, et toujours charmante, ne devait plus s'écrire. Les journaux
nous rappelaient les causes célèbres, les Papavoine et

autres. Prévoyaient-ils les carnages survenus, devions-nous être préparés à ce grand drame, où votre nom, monsieur Trochu, se transcrira de siècle en siècle. — On ne prend pas impunément la responsabilité d'une population de deux millions d'âmes, pour lui faire éprouver des tortures semblables.

Je ne parle point des fautes militaires, je laisse ce soin à une plume plus compétente que la mienne. Un journaliste était sans doute payé par vous pour nous faire les comparaisons des siéges qu'a subi la ville universelle de l'avenir, la Lutèce si aimée des Romains, le Paris pour lequel Henri IV changea de religion : la misère de ce siége est excusable; mais le siége de 1870, terminé en 1871 par une honteuse capitulation, est un crime. — Au début de l'investissement, vous excitiez déjà la haine des citoyens en autorisant ceux qui possédaient à s'approvisionner. — Une population privée tout-à-coup de son unique ressource, le travail, ne devait pas éprouver les angoisses de la faim.

La vie militaire, l'existence du soldat appartiennent aux assiégés. Au lieu de créer vos ridicules aumônes, que ne faisiez-vous des créanciers d'État, pour éviter cette attente révoltante de chaque jour. Rien ne vous eût été plus facile. Le Gouvernement ayant fait main basse sur les denrées alimentaires, avait mille moyens de les distribuer sans encombre et sans obliger les pauvres habitants aux rigueurs d'un hiver pour lequel vous n'aviez pris aucune précaution. Je suppose dans chaque quartier un magasin alimenté pour un mois, ayant un service organisé de vétérans, et de femmes qui toutes ont prouvé un courage supérieur. Dans chaque rue, selon le nombre d'habitants, il fallait ouvrir des magasins, de 9 heures à 6 heures; il me semble qu'il n'y eût pas été nécessaire de faire des queues, ou si l'on avait attendu c'eût été à l'abri de la neige, de la pluie et du verglas. Vos cantines, de mesquine idée, devaient être autrement installées, il fallait là des tables, des bancs, du feu, une nourriture sinon abondante au moins suffisante. Vous avez gardé un silence ridicule aux suppliques de réforme qui vous étaient adressées par des gens de cœur, et qui ne pouvaient se résigner à voir de sangfroid les horribles effets de l'incapacité.

Puisque la guerre est un carnage qui amuse Messieurs les rois, jusqu'alors il n'ont pas eu la férocité d'assassiner les vieillards, les femmes et les enfants. Nous nous attendions à soigner des blessés, à ensevelir nos morts, mais l'organisation Trochu avait mission d'expédier des anges au ciel.

O, pauvres anges, qui a pu voir la procession de vos chers petits cadavres, sans verser une larme, sans frémir d'horreur.

Mais rendons justice aux âmes charitables qui eurent pitié de vous. Tony Réveillon, au milieu de ses débats politiques, non seulement vous fait des articles dans la *Presse*, mais à la réunion de la rue Blanche il quêta pour vous des bas et des chaussures.

Dans une rue je vois encore une dame, à la vue d'un enfant presque nu, par un froid horrible, le réchauffer dans sa fourrure et l'emporter dans ses bras; — et rue de Courcelles, qui ne connaît ce riche hôtel où n'importe par quel temps, sortait vers une heure un beau vieillard couvert d'un grand paletot à larges poches. Qu'a-t-il dans ses poches? où va-t-il? je vais vous le dire : c'est un riche étranger, c'est un citoyen américain, il m'excusera de livrer son nom à la publicité de mon récit, M. Moultonne est connu à Paris pour son goût pour les arts, eh bien! il s'est fait porteur de lait. A la place de ses chevaux de luxe qui doivent être au service de nos armées, il a des vaches dans ses écuries. Il sait où il y a de pauvres familles avec de chétives petites créatures; il leur apporte la vie. — Le lait est une chose si rare, si utile, qu'il ne confierait pas le soin de cette distribution à son concierge. — Sur un champ de bataille, on donne des décorations pour avoir tué; que méritent de pareilles actions? — Des larmes d'émotion, de joie des pauvres mères qui déposent leurs lèvres sur cette main vénérée du sauveur de leurs enfants, ont toute la grandeur des nobles inspirations du cœur; l'accent de la vérité répudie les phrases et le mensonge.

Cette pauvre population affamée avait de sublimes colères; on entendait près des cantines les imprécations de malédiction, de haine, pour ceux qui la réduisaient à aller aux mairies attendre des semaines entières les bons de cantine. — Il suffisait d'un retard d'une minute pour rester privé de nourriture faute de ce carton, ou si vous l'obteniez après deux heures de faction, c'était pour avoir l'horrible bouillon et 30 grammes de cheval, un peu d'eau chaude couleur de blond de café. Les marmites se trouvaient épuisées et l'ordre sépulcral de la cantine arrivait à la porte : il n'y a plus rien. — A cette nouvelle, des femmes pleuraient en s'en retournant ; — d'autres lançaient des regards de terreur et ressemblaient à des lionnes blessées. Et lorsqu'il y avait aux vitrines de certains marchands de bijoux qui se firent marchands de comestibles, des oies au prix de 120 fr., des poulets rôtis à 60 fr. et du beurre à 45 fr. la livre, des œufs à 3 fr. la pièce, oh ! disaient les pauvres affamés, ils nous raillent, nous mourons de faim nous et les riches mangent. Ces Messieurs du Gouvernement ne comprenaient peut-être point l'insulte immorale d'autoriser de pareils étalages. — Il y avait, comme le disait une pauvre vieille qui essayait de calmer la fureur de ses compagnes qui diffamaient les riches, il y avait cependant des riches à bénir, s'il y avait des riches indifférents.

Rue Lafitte, 21, qui ne connaît pas à Paris le splendide hôtel des Rothschild. — Lorsque nos héros de Bretagne arrivèrent et qu'ils furent logés chez les particuliers, deux sortant de l'hôtel parlaient un peu français. Un passant prêta attention à leur langage :

— Diantre, chez qui donc habitons-nous ? Chez un roi ça ne peut être plus beau. On nous traite joliment. — C'est-y le maître celui qu'a des culottes comme nos grands-pères en portaient, et qu'a dit de nous donner à chacun notre litre, et quel fricot on nous a servi à matin.

—Le gars Pierre ôte ses souliers pour monter les marches de l'escalier, ils appellent ça l'escalier de service. — Et le gros **Jean Valti** qui **ne voulait** point se fourrer dans les draps, il les trouvait trop fins et trop blancs pour la grosse chemise de toile qu'il a sur lui depuis quelque temps.—Ils nous soignent ces Parisiens, ce ne sont point des partageux, ceux-là. — Le passant ne voulut point les laisser douter de leur hôte, ils apprirent qu'ils étaient chez Rothschild , nom connu de l'Europe entière. Les Rothschild aident tous les gouvernements, ils prêtent aux rois, ils prêtent à la République; ils s'inscrivent pour des sommes fabuleuses , pour tout ce qui se fait pour adoucir les souffrances ; les Rothschild sont des travailleurs : l'un est avocat, l'autre financier sans relâche , l'autre est littérateur et soldat, ils soutiennent le nom de leurs ancêtres les premiers financiers du monde. — Au fond du splendide hôtel , à l'aile gauche, habite la bienfaitrice des malheureux, celle de laquelle parlait la pauvre asthmatique qui calmait les fureurs de ses compagnes : s'il y a des riches sans cœur, sans entrailles , il y en a que l'on doit vénérer. Madame la baronne de Rothschild, vous êtes digne des bénédictions du pauvre peuple que vous avez secouru. Avoir l'amour du peuple, est avoir l'amour de Dieu. Oh ! vous n'avez point quitté Paris pendant sa grande lutte , vous avez tressailli à chaque coup d'obus des Prussiens qui assassinent nos enfants , qui tuent nos blessés. La mort nous les avait rendus du champ de bataille , les boulets venaient les tuer dans les bras de leurs mères , de leurs amis. Vous pouviez plus que toute autre vivre loin du grand drame, et charger des émissaires de répandre vos bienfaits. Les douleurs et les dangers que vous avez partagés avec nous, ajoutent un reflet de plus à vos vertus. Du ciel il vous a vu ce compagnon de votre vie ; s'il vous a quitté trop tôt, Dieu a voulu épargner à sa vieillesse l'horrible siége , qui attirera sur la Prusse la malédiction de tous les siècles à venir.

Qui n'a pas remarqué pendant ce siége des vieillards rajeunis par leur patriotisme. Combien voulurent faire partie des compagnies de marche. Oh ! pauvres vieillards, le désespoir n'a-t-il pas brisé votre cœur, Trochu a frappé à l'endroit le plus sensible, l'amour de la patrie est de tous les âges. Oh ! je vois votre douleur à l'horrible nouvelle de la capitulation, les mêmes maux nous rendaient familiers, nous nous parlions tous, n'en ai-je pas vu qui pleuraient de rage. O ! larmes saintes, versées pour la patrie, vous couliez sur leurs rides, pour vous perdre dans leurs moustaches blanches.

Larmes, sang répandu vous êtes l'arrêt de l'avenir. Justice est votre vengeance.

Et vous nobles martyrs qui n'avez pu survivre à la nouvelle de notre honte, n'ayant pas la force de sentir battre votre cœur, vous vous frappâtes la poitrine en abandonnant aux Prussiens les pièces de canon auxquelles vous aviez fait le serment de vaincre ou de mourir. — Lorsque M. Trochu nous fit l'aveu de son testament, j'avais supposé qu'il finirait ainsi, s'il ne remportait pas la victoire. Les sublimes grandeurs de l'âme n'ont pas d'élan chez le vieux garçon. Bazaine a livré Metz, monsieur Trochu a gracieusement donné nos forteresses munies, paraît-il, de munitions et de vivres.

Et toi, pauvre population étranglée, oublieras-tu jamais ce mélange d'avoine et de choses inconnues à qui on donna le nom de pain, le prétexte de notre capitulation, et nous l'avons mangé avec un courage héroïque. Les premiers jours de ton apparition, nous avions encore l'illusion de la victoire; espérons que le jour se fera sur nos tristes et amères déceptions. La province apprend déjà à Paris ce qu'il ignorait, et Paris fait de même. Les cinq mois de notre emprisonnement seront les sublimes pages de l'histoire, on n'oubliera pas

de transcrire que les armées de secours étaient à très-peu de
distance de Paris et on ne peut mettre en doute le patriotisme
de Paris, qui tient du prodige. Il n'y avait pas de canons, d'un
coup de baguette il s'en trouva ; il fallait des mitrailleuses ,
elles apparurent d'une précision supérieure à celles de l'ennemi. — Nos soldats, car ils l'étaient devenus instantanément,
auraient fait l'admiration d'un grand général, de ceux qui
savent punir et récompenser et s'inquiéter des traîtres. Il y
en avait, nous n'en doutons pas, qui avaient mission de pri-
ver la République de l'honneur de repousser l'ennemi. —
Malgré Caïn, Abel tu renaîtras. — Liberté ! tu es la volonté
sublime du créateur, tu es le messie de l'avenir, tu dissiperas
les ténèbres dont on te couvre. — Celui qui a dit : Aimez-vous
les uns les autres, veut la fraternité des peuples. — Les
bienfaits des Anglais, nous les gravons dans notre cœur ; et
toi généreuse Suisse, si compatissante à nos malheurs, la
palme de tes bienfaits éclipsera dans l'avenir la couronne
immonde de l'empire d'Allemagne. Il te faut, comme au général Ulrich, un livre d'or où seront inscrits tous nos enfants
que tu as secourus. Comme le poëte Edmond Godinet disait :

> Bénissons nos revers ! que l'Europe assombrie
> S'agenouille à loisir sous le droit du plus fort.
> Nous avons retrouvé l'amour de la patrie ,
> Le mépris du succès et l'orgueil de la mort.
>
> Debout, le front baigné de gloire et de lumière,
> Et montrant sa blessure au monde épouvanté,
> Plus belle que jamais, plus ardente et plus fière ,
> Dominant tous les bruits des cris de liberté !

Mme Emile SAINT-HILAIRE.

ARTICLES

DU MÊME AUTEUR

qui parurent dans le Journal *La Guerre*, pendant

l'état de siége.

---

4 SEPTEMBRE

Paris, océan du tumulte où s'agitent toutes les passions, cité antique, imposante, comme l'immensité même, — le 4 septembre 1870, ajoute à ton histoire une page unique, il n'est pas un peuple qui n'envie ta gloire.

Ta devise est : Dieu protége la France, et qui en doutera, après cette journée à jamais mémorable, jour de résurrection. Le nombre 4 porte bonheur à nos libertés, le 4 septembre 89, la noblesse fut abolie, jour de fraternité pour nos ancêtres, douze voix manquent à l'unanimité pour l'affranchissement du grand peuple.

Oh ! 4 septembre, jour solennel, où le soleil radieux de la liberté a lui après vingt ans d'obscurité, un instant a suffi pour nous rajeunir ; tous, nous nous retrouvons comme après un mauvais rêve qui oppresse et qui fait tout confondre, la fraternité s'exprime sur tous les visages, nous redevenons citoyens. Nous étions un même peuple, qu'un règne impur avait divisé. Pour la 4ᵉ fois en moins d'un siècle, le Corps législatif a proclamé la République : en 89 — 1830 — 1848 enfin le 4 septembre 1870.

Les Gaulois versaient le sang du juste pour apaiser Henus. — Chacune de nos libertés a coûté également du sang.—Aujourd'hui, deux nations s'exterminent, notre sol est rougi du sang de nos enfants, du sang de l'ennemi. Ce sang répandu ne peut se reconnaître — Que l'Ange exterminateur fasse place à la clémence, peuple Allemand, songe à ta délivrance, retourne tes armes vers l'oppresseur. Respect à la grande nation d'un tyran délivrée.

PAS DE PAIX HONTEUSE

Il y a quelques jours un cri a retenti dans une salle immense.

Ce cri ne pouvait arriver au cœur, il étreignait la gorge.

Avec élan, l'Assemblée s'est levée comme un seul homme pour protester. Ce cri offensant, injurieux à qui sent battre son cœur, à qui sent qu'il dérive des Gaulois, et qui dit Gaulois, dit Franc, dit peuple guerrier.

Un citoyen a lu à l'Assemblée le journal rouennais. — Cette page ose parler de capitulation. Capituler : la honte, l'infamie... Jamais, jamais. Vaincre ou mourir, mais non accepter la vie au prix d'une lâcheté.

Aurions-nous ensuite le courage d'avouer que nous sommes Français.

La voix du patriotisme, du devoir, réveille trop de braves cœurs.

S'il y a des âmes dégénérées au point d'offrir de l'or à l'ennemi pour conserver leur existence, nous les répudions.

Pour nous, nous offrons notre sang à la patrie, sans distinction de sexe. Notre âme, notre vie lui appartiennent, et une fois notre sol rendu à l'indépendance, le soleil de la liberté nous accordera la production. Le peuple ayant souffert pour cette sainte cause, aura appris la fraternité. Par l'association des arts, de l'industrie, nous jouirons des bienfaits du progrès une fois encore.—Je l'écris, le sang du juste, comme disaient les Gaulois, apaise la colère des Dieux. Notre cause est liberté, justice, fraternité. Nous triompherons.

Le lâche, l'affreux, le fourbe qui a dit hautement à la face du Dieu des nations : nous aimons la Nation Française et nous n'en voulons qu'à Napoléon III; aujourd'hui qu'il le tient à Cassel, la présence de l'ennemi sous nos murs nous révèle qu'il a d'autres desseins.

Guillaume, sache-le bien, un grand châtiment t'est réservé, tes mensonges, tes crimes ne te porteront point profit. La vue des cadavres, ne t'a pas ému, les larmes, le sang que tu fais répandre n'arrête pas ta marche guerrière.

Que veux-tu à la Nation Française, l'assujétir à tes lois de despotisme. Jamais, jamais. L'ange libérateur disparu est revenu de nouveau étendre ses ailes sur la grande cité. — L'Ange de résurrection aime toutes les nations mais particulièrement la France. Malheur à l'envahisseur! Nous l'attendons cet ennemi terrible — nous l'attendons avec frénésie, — car tout Français doit mourir pour sa Patrie.

PARIS VAINQUEUR

Citoyens, courage, Paris, la vieille Lutèce ne périra pas. L'ouragan assiège par fois nos vaisseaux, mais le marin veille et prévoit le danger; tous les éléments sont déchaînés pour sa défense. La jeune France subit les transformations qu'impose le danger; le courage qui l'anime, fait la vraie noblesse. Comme le vaisseau désemparé de ses voiles, de sa mâture, voilà ce qu'est Strasbourg aujourd'hui, et jamais ville n'a eu plus de majesté, de grandeur.

Général Uhrich, ton nom est impérissable, ton mâle courage a fait vibrer nos cœurs. Puisse, ton exemple être suivi par les cités assez malheureuses pour craindre les trahisons. Paris honore ta statue, proclame ta vaillance, et comme toi ne capitulera pas. Mais, en rendant hommage à la ville incendiée l'émotion nous gagne, nous assistons par la pensée aux souffrances des nobles Strasbourgeois. Courage, amis, l'heure de la vengeance est proche. La lutte sera terrible, nous combattrons comme nos pères de 89. Nous nous proclamons vainqueurs, l'ennemi n'arrachera jamais de notre cœur les principes de notre drapeau, l'étendard de la liberté.

A PARIS

Paris, jamais tu ne fus plus français qu'en ce moment, ton aspect guerrier a fait fuir les viveurs inutiles et peureux, ils n'ont pas compris la grandeur de ta mission ; l'ange de de la liberté t'abrite de ses ailes, il prend part à tes combats; le patriotisme a fait en quelques jours des soldats qui affronteront tous les dangers. Ce ne sont pas seulement des hommes qui veulent lutter de front avec l'armée du roi despote et barbare, l'ennemi de nos chers principes, de la civilisation et l'affranchissement des peuples. O! Paris, n'es-tu pas la source de toutes les libertés, tu ne peux refuser ceux qui veulent prendre part à ta défense. Aujourd'hui ce sont les enfants qui s'enrôlent, et les mères ne font rien pour les retenir et se cachent pour verser des larmes. Votre choix, mère, épouse, sœur, amante, c'est le sacrifice, et vos larmes d'abnégation, ces larmes de martyr remontent vers Dieu comme la prière et Dieu vous exaucera.

Mais ce récit des horreurs de la guerre qui cause tant de douleurs, me fait dire : seraient-ils dans le vrai ceux qui ne croient pas au Dieu vengeur. Comment ne foudroie-t-il pas ces monstres qui insultent la nature. L'humanité indignée se révolte, l'arbre des forêts murmure en agitant ses branches, l'oiseau fuit avec effroi, la terre frissonne lorsqu'elle reçoit dans ses cavités tant de cadavres. Le grand linceul de la mort est parti de Berlin pour venir jusque sous nos remparts. De telles pensées donnent le vertige. Je cherche la diversion dans le passé des premiers âges. Pour punir le despotisme, la barbarie et les lâches trahisons, Dieu a toujours armé les mains du faible : Goliath, la terreur d'Israël, ne fut-il pas tué par un enfant qui le frappa au front ; le guerrier sanguinaire ne fut-il pas décapité par Judith ; la nation Juive allait être exterminée, Esther va braver la mort en allant trouver le roi son époux, le traître ministre subit la peine qu'il voulait infliger aux Juifs, et ce peuple fut sauvé.

Mais pourquoi remonter jusqu'à ces temps reculés : la France n'a-t-elle pas eu Jeanne d'Arc, Jeanne Hachette, et tant d'autres sauveurs, qui ont fait dire : Dieu protège la France ; et, n'en doutons pas, malgré l'ennemi sous nos murs, soldats, tenez-vous prêts, sentinelles veillez, l'heure suprême est venue d'exterminer l'ennemi. France, aie confiance dans

tes enfants et ne refuse pas le secours des faibles qui
veulent apporter leur concours à la gloire de ta défense.

VIVE LA RÉPUBLIQUE UNIVERSELLE

Il ne sont pas repus de sang les bêtes fauves, la Meuse,
les carrières de Jaumont, répètent encore les cris, les lamen-
tables agonies des cadavres entassés. Hélas ! toutes les horreurs de l'humanité sont déchaînées par la folie d'un vieux
monarque en démence et d'un imposteur qui pendant vingt ans
usurpa les droits du peuple. O ! guerre, désastre, fléau, tu
inondes de sang la terre fertile, tu arraches aux mères leurs
enfants, tu fais répandre des larmes, tu brises les liens
sacrés en enlevant l'enfant à sa famille, l'époux à sa fiancée.

De quel limon sont donc pétries ces âmes qui se servent
de leur pouvoir pour faire massacrer deux nations en leur
inspirant la haine ! La haine devise des rois, comme l'humanité deviendra la devise des peuples.

Soldats ennemis, nos frères dans l'avenir, nous subissons
les mêmes maux que cause cette guerre impie. Comme vous,
nous avons quitté l'atelier, la chaumière, la famille. Guerre,
brigandage autorise ; c'est Caïn jaloux d'Abel, d'Abel qui veut
la justice et la liberté. Notre drapeau du 4 septembre te fait
ombrage, roi Guillaume. S'il t'est permis de revoir Berlin, si
tu as, ce dont je doute, une fibre du cœur qui fait connaître
l'amitié, lorsque dans ton palais resplendissant de luxe, de
lumière, tu chercheras dans les plaisirs mondains à t'étourdir,
ce ne seront pas les femmes échevelées qui partagent les fêtes
enivrantes des cours que tu verras.— Ton âme envahie par
le remords fera apparaître à ta vue, des champs fertiles

ravagés, des vieillards sans asile te maudissant, des enfants qui apprendront de leur bouche à t'exécrer, qui supplieront de les venger. Tu verras des veuves courbées par la douleur, tu entendras des orphelins demandant leurs pères. Pour agrandir tes états, tu n'as reculé devant aucune de ces horreurs, tu as semé partout le deuil, le désespoir.

Mais l'histoire des rois ne contient-elle pas à chaque page, le poison, la trahison pour ceux de leurs proches qui ont tenté de les déposséder de leur couronne.

Peuple allemand, secoue le joug, retourne tes armes contre l'oppresseur, prends pour devise, la fraternité.

Ne retarde pas la marche du progrès qui veut l'indépendance des peuples.

La république universelle est notre plus chère espérance.

PLACE A LA LIBERTÉ

3e MOIS DU SIÉGE.

La résurrection des peuples, le néant des rois, c'est toi, ô! liberté sainte, qui, la hache levée, les pieds dans le sang, cerclant l'humanité corrompue, as affermi les grands principes régénérateurs de 1789, de 1792, souvenirs glorieux qui donnent l'enthousiasme, le patriotisme. Danton, Camille, Mirabeau, St-Just, vous tous qui dormez, levez-vous, la Patrie est en danger; levez-vous, la lutte va être terrible, vous trouverez de dignes successeurs.

Aujourd'hui ce ne sont plus des frères qui se tuent entre eux, la liberté du 4 septembre nous est apparue avec l'éclat de la majesté, de la clémence, pour chasser l'ennemi, pour rappeler nos frères de l'exil. Nous sommes ses préférés, elle compte sur nous pour propager son étendard. La liberté va faire le tour du monde. A bas les rois et leur pouvoir sacrilége. Honte à la barbarie, place à la civilisation.

Assez de ces règnes impurs; que la sagesse succède à la débauche, à la démence. Guillaume, tu as avancé les temps, le glaive sorti du fourreau n'y rentrera plus qu'avec l'indépendance. Honte à tes victoires menteuses acquises par la ruine, la trahison. Malédiction sur toi, infâme vieillard; songe au tombeau, ton âme par une longue agonie attendra l'anathème de tes victimes.

O! rois, race immonde, sans entrailles quel lait avez-vous donc sucé, vos oreilles sont sourdes à la prière d'un peuple qui ne demande que le travail et la paix. Vous le condamnez à massacrer des êtres auxquels il ne peut en vouloir. — Tant de sang répandu ne peut être pour votre profit, mais pour la liberté.—Ce nom béni, l'espérance du prolétaire, à peine venait-il d'être prononcé, le 4 septembre, que l'on tremblait dans ce vieux palais des rois; au nom de liberté il devient désert. Ils sont mal inspirés ceux qui convoitent cette demeure. Le 10 août 1792, nos pères en ont fait l'arsenal de la liberté, qui, toujours reviendra revendiquer ses droits. — *Alors place à la Liberté.*

LETTRE ADRESSÉE A BISMARCK

(Fin d'année, 1er janvier 1871).

Monsieur le Comte de Bismarck,

Il y a un an à cette époque, la France se sentit frémir d'horreur au récit du monstrueux assassinat commis par Tropmann. Ce Tropmann admis dans une famille aisée, traité comme un des leurs, se sent poussé par sa nature haineuse, envieuse, le crime grandit dans son cerveau, arme son bras et il devient assassin. La justice venait à peine de terminer son œuvre, qu'un nouveau crime surgit. Tout à coup, le 12 janvier, un Bonaparte assassine un enfant de 20 ans. Ces deux crimes ne sont rien en comparaison des vôtres, monsieur le Comte, — votre nom est flétri, détesté, maudit par toutes les mères.

La force prime le droit, dites-vous, monsieur le Comte ; mais, êtes-vous fort pour continuer la guerre. Depuis la capitulation de Sédan, en faites-vous vraiment un duel d'honneur. Est-ce de la force ou de la folie, d'avoir mis dans la tête d'un vieux monarque, qu'à force de mensonges, de cruautés inutiles, de sang versé, il pourrait se draper dans un manteau impérial, fait avec les lambeaux de la France déchirée.

Pour arriver à ce but, vous sacrifiez le peuple de deux nations.

Paris investi par vous, Paris qui vous a donné tant de nuits d'insomnie, Paris la ville sacrée, la ville de l'intelligence, ce Paris, qui se défend contre votre attente, cette populace, comme vous l'appelez, est un peuple digne du nom de citoyen.

Votre programme de pillage, monsieur le Comte, ne s'accomplira pas. Mais ce qui s'accomplira, c'est l'accouplement de votre nom à ceux des deux scélérats qui resteront à jamais gravés dans l'histoire de l'année 1870.

Célébrités immondes : Tropmann, Bonaparte, Bismarck.